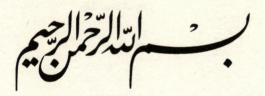

Menâhil
Yayın No: 15

Kitabın Adı:	Şaka ve Mizah Anlayışımız Nasıl Olmalı?
Yazar:	İbrahim Gadban
Tashih&Redakte:	Abdullah Yıldırım
KapakTasarım:	EbyarTurab
Baskı:	Çetinkaya Ofset (332 342 01 09) Fevzi Çakmak Mah. Hacı Bayram Cad. No: 18 Karatay/KONYA
Sertifika No:	25537
Cilt:	Ayyıldız Cilt-Matbaa (0535 8805058)
Baskı Tarihi:	Nisan/2019

İletişim
İhlas Kitabevi
Şükran Mah. Başaralı cd. No:6
Rampalı Çarşı no:12 Meram/KONYA
Tel: 0 332 350 4687
0 541 834 0273
www.ihlaskitabevi.com

Şaka ve Mizah Anlayışımız Nasıl Olmalı?

İbrahim Gadban

"Allah'tan korkun ve aşırı mizah yapmaktan kaçının; çünkü aşırı mizah, kin gütmeye ve kötülüğe sürükler. Kur'ân ile konuşun ve Kur'ân'ın gölgesinde oturun. Eğer Kur'ân size ağır gelirse, o zaman erkeklerin konuşmasından güzel bir konuşma yapın."

(Ömer b. Abdülaziz)

BAŞLARKEN

Biz bu kitapçığımızda Müslüman bir bireyin "şaka" veya diğer ifadesiyle "mizah" anlayışının nasıl olması gerektiğinden söz edeceğiz.

Bu âdap kuralı, özellikle sosyal ilişkilerimizde ve insanlarla münasebetlerimizde İslamî duruşumuz açısından oldukça önemli bir yere haizdir. Bu nedenle bu meseleyi önemsemeli ve onun hakkında doğru bir menhece sahip olmamız gerektiğini bilmeliyiz.

Burada, konuyla alakalı başlıkları dikkatli ve ihtimam göstererek okur sonra da okuduğumuz şeylerin gereklerini pratik hayatımızda uygulamaya koyarsak, Allah'ın izni ile mizah ve şakalaşma konusunda İslam'ın bizden istediği ahlâk kıvamını yakalamış oluruz. Ama hemen altını çizelim ki, okuduğumuz bu şeyleri pratiğe koyarak uygulamaya çalışmamız elbette kolay olmayacaktır; çünkü bu konunun kendisine özgü bir takım zorlukları vardır. Bununla birlikte kolayın ancak Allah'ın kolaylaştırdığı; zorun da ancak Allah'ın zorlaştırdığı olduğunu hatırımıza getirdiğimizde içimiz ferahlıyor, bu alandaki zorlukları rahatlıkla aşacağımıza inanıyoruz. Evet, Allah'ın kolay kıldığını zorlaştıracak, zorlaştırdığını da kolay eyleyecek kimse yoktur. Onun için Rabbimiz'den burada yazdıklarımızla amel etmeyi şimdiden bizlere ve diğer tüm kardeşlerimize kolay kılmasını niyaz ediyoruz.

GİRİŞ

Bilindiği üzere İslam'ın değerlerinden uzak, âdabına riayetten yoksun ve cahiliyenin ahlâkıyla bezenmiş bir toplum içerisinde yaşıyoruz. İslam ahkâmının ilga edilmesinden bu yana, Batı'nın ön gördüğü bir hayat tarzı ve ahlâk sistemi bizlere dikte ediliyor. İnsanlar evlatlarını veya maiyetlerinde bulunan kimseleri, göregeldikleri bu kültür ve ahlâk üzere yetiştiriyorlar. Bizler de bu toplumun fertleri olarak, ister istemez bu gayr-i İslamî kültür ve ahlâktan etkileniyoruz. Çünkü bizi yetiştiren ebeveynlerimiz bu toplumun bir parçası olarak yetiştiler. Onlar da bu olumsuz ahlâk veya kültür üzere büyüdüler. Hayata gözlerini açtıklarında bu uygulamaları gördüler. Kur'ân ve Sünnetten uzak oldukları için de, neyin doğru neyin yanlış; hangi şeylerin İslam âdabı, hangilerinin de cahiliye kuralları olduğunu ayırt edemediler. Ve ister istemez bu şekilde hayatlarını sürdürerek elleri altındaki nesilleri yetiştirdiler...

Bizler de onların elleri altında yetişen bir nesil olarak büyüdük. Bundan dolayı bu ahlâk ve kültür üzere hayatımız şekillendi. Ta ki Allah'ın bir ikramı olarak Kur'ân ve Sünnetle tanışana dek... Allah, ihsanıyla bizi Kitabı ve Rasûlü ile tanıştırınca, üzerinde bulunduğumuz bazı ahlâk ve kültürün İslam ile uyuşmadığını fark ettik. Fark ettik fark etmesine ama bunlardan vazgeçmemiz öyle zannedildiği gibi kolay olmadı. Çünkü bu ahlâk ve kültür iliklerimize kadar işlemişti. Bilinçaltımıza yerleşmişti. Atamadık, terk edemedik, oldukça zorlandık... Bu da bizi bazen hayal kırıklığına, bazen ümitsizliğe, bazen de çaresizliğe sevk etti. Lakin kullarını oldukları hal üzere bırakmayan, bizlere karşı son derece lütufkâr olan Rabbimiz, tabiri caizse ellerimizden tuttu ve –her ne kadar hakkıyla riayet edemesek bile– bizlere İslam ahlâkını, İslam âdabını ve İslam kültürünü sevdirdi. Cahiliyeyi ve cahiliyenin kötü ahlâkından bizleri nefret ettirdi.

"Allah size imanı sevdirdi, onu kalplerinizde süsleyip çekici kıldı ve size küfrü, fıskı** (günahları)* ***ve isyanı *(Allah'ın emirlerine karşı gelmeyi)* ***çirkin gösterdi..."*** *(49/Hucurât, 7)*

Bu nedenle Rabbimize sonsuz hamd ediyor ve bizleri razı olduğu kıvama getirmesi için bol bol dua ediyoruz.

İşte böylesi bir toplum içerisinde İslamî ahlâk ve âdaptan uzak bir şekilde yetiştiğimiz için bazı edep kurallarını uygulamaya koymada aksaklıklar yaşıyor, insanlarla muamelelerimizde birtakım sıkıntılarla karşı karşıya kalıyoruz. İstemediğimiz halde bazı edep dışı davranışlar sergiliyor, kimi olumsuz davranışlarla insanlara muamelede bulunuyoruz. Burada önemli olan; bütün bu menfî davranışların yanlış olduğunu, ideal tutumlar olmadığını biliyoruz. Yapsak bile hata olduğunun farkında olarak yapıyoruz. İşte işin burası, olayın analizi açısından çok mühim bir nokta. Bu noktayı iyi kavrarsak, zamanla hatalarımızı düzeltmemiz ve gün geçtikçe cahiliyeden bize sirayet etmiş ahlâklardan arınmamız daha kolay olacaktır. Önemli olan yaptığımız yanlışların *'yanlış'* olduğunu bilmemiz ve kabullenmemizdir.

Burada yeri gelmişken hemen belirtelim ki, bu toplumda yetişen Müslümanlar olarak bizler, her ne kadar dört dörtlük olmasak, İslam'ın edebiyle hakkıyla edeplenemesek de, iç âlemimizde bu âdap kurallarını harfiyen uygulamayı, tıpkı Rasûlullah *sallallahu aleyhi ve sellem* gibi her konuda İslam'ın bizden istediği edep ilkelerine riayet etmeyi ve hatalarımızı en aza indirgeyerek güzel bir ahlâkın sahipleri olmayı arzuluyoruz. Allah da biliyor ki, bunları canı gönülden temenni ediyoruz. Ama belki yapamıyor, belki de hakkıyla hayata geçiremiyoruz. Ümit ederiz ki bu ve benzeri yazılar ya da bu alanda yapılmış dersler sayesinde Allah biz Müslümanları ıslah eder ve bizleri güzel ahlâk sahibi kimseler kılar.

Rabbimizden temennimiz; olabildiği kadar bizleri ahlâk-ı cemil sahibi kılması ve elverdiği ölçüde İslamî âdapla bizleri âdaplandırmasıdır. Hiç şüphesiz O, duaları işiten ve onlara en güzel şekliyle icabet edendir.

İSLAM'DA ASIL OLAN CİDDİYETTİR

İslam, hiçbir zaman insanlara somurtkan olmayı, abusluğu, asık ve çatık bir çehreyle insanların karşısına çıkmayı emretmemiştir; aksine güler yüzlülüğü, mütebessimliği ve insanlara, kendilerinin hayrını istediğimizi hissettiren bir çehre ile görünmeyi tavsiye etmiştir. Hatta sadaka verecek hiçbir şey bulamayan kimselerin insanlarla karşılaştıklarında onlara güler yüzlü olmalarının, kendileri için sadaka sevabı kazandıran bir eylem olduğunu bildirmiştir.

"Kovandan kardeşinin kovasına (su vb. şeyleri) boşaltman bir sadakadır. İyiliği emretmen ve kötülükten alıkoyman bir sadakadır. Kardeşinin yüzüne karşı güler yüzlü olman bir sadakadır..."[1]

İslam'ın insanlara güler yüzlü ve mütebessim olmalarını emretmesi, asla onların ciddiyetsiz, yılışık ve lakayt davranmasını öngördüğü anlamına gelmez. İslam, ciddiyet dinidir. Onda asıl olan vakûrluktur. Bu nedenle birileri İslam'ın tebessüme, güler yüzlülüğe ve mizaha onay vermesinden hareketle cıvıklığı teyit ettiği zehabına kapılmamalıdır. İslam asla cıvıklığa ve aşırı mizaha müsaade etmemiştir.

Bu gün üzülerek söylemeliyiz ki bazı Müslümanlar, neredeyse tüm oturmalarında, meclislerinde, birlikteliklerinde ve hatta ders gibi çok mühim buluşmalarında bile ciddiyeti elden bırakmış; yerine şakalaşmayı, lakaytlığı ve

---

[1] Tirmizî. Ayrıca bkz. "el-Edebu'l-Müfred", 891.

kahkahayı esas almış durumdadırlar. Bu asla kabul edilemez bir şeydir. Hele birde böylelerinin Rasûlullah'ın da güldüğünü öne sürerek yaptıkları yanlışa delil aramaya kalkışmaları, meseleyi daha da üzücü bir hale getirmektedir. Doğrudur, Allah'ın Rasûlü gülmüş ve şakalaşmıştır; ama O, hiçbir zaman bunu hayatının temeli, yaşantısının esası, seyr-i sülûkunun medârı yapmamıştır. İnsanlarla bir araya geldiğinde onları neşelendirmek, hüzünlerini yok etmek ve kalplerine sürur sokmak için latifeler yapmıştır. Yoksa hiç kimse Rasûlullah'ın mizah konusunda insanı neredeyse insanlıktan çıkaracak tarzda sınırı aştığını iddia edemez. *"Benim bildiklerimi bilseniz, az güler çok ağlardınız"*[2] diye buyuran bir peygamber, nasıl olur da hayatının merkezine mizah ve şakalaşmayı koyabilir?! O sadece her konumda olması gerektiği gibi davranmış ve bunun bir gereği olarak da ara sıra latifelerle insanların kalbini kazanmayı amaçlamıştır. Ve hamdolsun ki, bunu da en iyi şekilde başarmıştır. Kendisine Rasûlullah *sallallahu aleyhi ve sellem*'i örnek edinen bir Müslümanın da böyle olması ve hayatının medarına ciddiyeti esas alarak seyr-i sülûkunda vakûr bir duruş sergilemesi gerekmektedir. Bu, bizden beklenen asıl ve asîl duruştur. Bunun istisnalarını ve hangi durumlarda gülüp şakalaşacağımızı, kitapçığımızın ilerleyen bölümlerinde inşâallah zikretmeye çalışacağız.

---

[2] Buharî ve Müslim.

İSLAM DENGE DİNİDİR

Her konuda mükemmel hükümler vaz eden dinimiz, şakalaşma ve espri konusunda da en güzel hükümleri vaz etmiş ve insanların bu konuda denge içerisinde olmaları gerektiğini vurgulamıştır. İslam âlimlerimizin belirttiğine göre mizah ve şakalaşma hususunda insanlar üç kısımdır:

1- Biteviye mizaha dalan ve hayatları şaka-şamata üzere kurulu olanlar.

2- Şakalaşmayı sevmeyen ve her daim ciddiyeti esas alarak neredeyse hiç latife yapmayanlar.

3- Orta yollu olup yeri geldiğinde şakalaşan, yeri geldiğinde de ciddi olanlar.

Allah Rasûlünün hayatını inceleyenler, O'nun son maddede ifade edildiği gibi yeri geldiğinde şakalaşan, yeri geldiğinde ise ciddi olan bir şahsiyet olduğunu görürler. O, hayatını denge üzere kurduğu ve her işinde orta yollu olduğu için şakalaşma ve mizah hususunda da bu dengeyi korumuş ve ortamın gerektirdiği şey neyse onunla amel etmiştir.

Ebu Hureyre *radıyallahu anh* anlatır: Bir defasında Rasûlullah *sallallahu aleyhi ve sellem*'e:

—Ey Allah'ın Rasûlü! Sen (de) bizimle şakalaşıyorsun, dedim.

Bunun üzerine Rasûlullah *sallallahu aleyhi ve sellem*:

—*Doğrudur, ancak Ben, haktan başka bir şey söylemem,* buyurdu.³

Ebu Hureyre radıyallahu anh, herhalde Allah Rasûlü'nün konumu itibariyle hiçbir surette şaka yapmaması gereğini düşünmüştü; bu nedenle de sorusunu şaşkınlığını ortaya koyan bir tarzda sordu. Allah Rasûlü ise bu cevabıyla ona insan olmanın bir gereği olarak kendisinin de şakalaştığını; ama her işinde olduğu gibi bu işinde de *'doğruluk'* ve *'sıdk'* ilkesi ile hareket ettiğini bildirdi.

Bildiğimiz üzere Allah'ın Rasûlü sallallahu aleyhi ve sellem, bizler için hayatın her alanında örnektir. Rabbimiz O'nu, yaşantımızın her noktasında örnek edinelim diye numune-i imtisal kılmıştır. Yememizde, içmemizde, oturmamızda, kalkmamızda, gelmemizde, gitmemizde hâsılı her şeyimizde O, bizlere en ideal örnektir. Yine bunun gibi O, bizlere bir baba, bir imam, bir komutan, bir lider, bir eş, bir öğretmen, bir arkadaş olarak da eşsiz bir modeldir. Yani O, bizim için hayatın her alanında, her lahzasında ve her konumunda örnek alınacak bir 'numune'dir.

"Andolsun, Allah'ın Rasûlünde sizin için; Allah'a ve ahiret gününe kavuşmayı uman ve Allah'ı çok zikreden kimseler için güzel bir örnek vardır." (33/Ahzab, 21)

Bu âyette Rabbimiz, Rasûlullah sallallahu aleyhi ve sellem'in bizler için mutlak anlamda bir numune olduğunu ve O'nun her yönüyle bizlere örneklik teşkil ettiğini bildirmiştir. Rabbimizin, *"Allah'ın Rasûlünde sizin için güzel bir örnek vardır"* buyurarak Rasûlullah'ın bir yönünü kayıtlandırmaması, O'nun her yönüyle bizlere ör-

---

³ Tirmizî.

neklik edeceğinin bir delilidir. Bu nedenle O'nu her şeyde örnek kabul etmek gerekir.

Konumuzla alakalı olarak söyleyecek olursak; Efendimiz mizah, şakalaşma ve espri konusunda da bizlere örnektir. Onun bu konudaki örnekliği vasat bir çizgide olup yeri geldiğinde şakalaşmak, yeri geldiğinde ise ciddi olmak şeklinde ortaya çıkmıştır. Bizlerin de böyle olması ve hayatı tadında yaşayarak orta bir kıvamda latifeleşmeyi bilmesi gerekmektedir. Ne birilerinin yaptığı gibi hayatın her alanını şakaya vurmalı, ne de bazılarının takındığı gibi her yer ve ortamda somurtkan bir tavır takınmalıyız. Aksine Rasûlullah gibi orta yollu olmalıyız.

Bu gün bazı Müslümanlar, ne yazık ki Rasûlullah gibi orta yollu olmak yerine her ortamlarını gırgır ve şamataya çevirmekte, ciddi yerlerde bile şaka ve esprilerle ortamların vakarını bozmaktadırlar. Âlimlerin meclislerinde, büyüklerin sohbetlerinde veya bilgi teatisi yapılan ilim halkalarında bile maalesef ki beş dakika olsun ciddi bir şekilde duramamaktadırlar. Ne âlim tanımaktalar, ne de büyük! Böyle olduğu için hem genel itibariyle insanların hem de ciddiyeti prensip edinmiş Müslümanların gözünden düşmektedirler. Onların bu halini gören sıradan kimseler ise, öncelikle onların zatlarından, sonrasında ise onların üzerinde bulunduğu yol ve akideden teberri ediyorlar. Bu davranışın kendimize ve akidemize zarar getirdiğini göz önüne alarak Allah için daha ciddi olmalı, daha vakûr bir şekilde insanların içerisine çıkmalıyız.

Bu ahlâkın kadınlarda daha yoğun bir şekilde tebellür ettiği kulaklarımıza gelen bilgiler arasında. Davet ve tebliğ sahasında bir şeyler yapmaya çalışan ciddi bacılarımızın en çok şikâyetçi olduğu konulardan bir tanesi, ne yazık ki bu mevzu. Yani kadınlarımızın aşırı ciddiyetsizliği. Müslüman bazı kadınların her ortamda aşırı derecede mizah ve espri yaparak işin cılkını çıkarması, sürekli şakalaşmalar ve aşırı derecede gülmelerle ortamların maneviyatını bozmaları tebliğ ve davet ile meşgul olan bacılarımızı oldukça rahatsız etmektedir. Onların bu olumsuz tavırları, kendileriyle bir arada bulunmama gibi olumsuz bir sonucu doğurmaktadır. Hele bir de bu tür bacıların aynı tavırlar içerisinde tebliğ ve davet ortamlarında yer almaları, bizi gözlemleyerek kim olduğumuzu öğrenmek isteyen ve bizlere not verecek olan insanların zihninde çok kötü bir imaj bırakıyor, hakkımızda olumsuz kanılara varmalarına neden oluyor.

Ey kardeşim/ey bacım! Eğer sende de zikrettiğimiz şeylere benzer bazı hasletler varsa, hiç durma hemen onları terk etmeye çalış ve örneğin Muhammed *aleyhisselam* gibi vasat bir insan olma yolunda gayret et.

ŞAKALAŞMA ÂDABININ KURALLARI

Üstte de dediğimiz gibi, her konuda mükemmel hükümler koyan dinimiz, şakalaşma ve espri konusunda da en güzel hükümleri vaz etmiş ve biz Müslümanların nasıl bir espri anlayışına sahip olması gerektiği noktasında yolumuzu aydınlatmıştır. Âlimlerimizin belirttiğine göre bu hükümlerden bazıları özetle şunlardır:

1- Yaptığımız şaka, latife veya espriler, içerisinde asla Allah'ın isimleri, âyetleri, peygamberleri ve İslam'ın değerleri ile alay etmeyi barındırmamalıdır.

Bu gün bazı insanların şakaları maalesef bu türdendir. Adam şaka yapıp insanları güldüreceğim derken, bir anda Rabbinin ayetlerini veya O'nun değer atfettiği şeyleri ayaklar altına almakta ve farkında olarak veya olmayarak *'mukaddesât'* ile alay eder bir pozisyona düşmektedir. Bu tür bir şaka, ne niyetle ve hangi maksatla yapılırsa yapılsın küfürdür ve insanı dinden çıkartır. Rabbimiz bu hususla alakalı olarak şöyle buyurur:

> *"**Andolsun, onlara** (Tebük gazvesine giderken söyledikleri o alaylı sözleri) **soracak olsan, elbette şöyle diyeceklerdir: 'Biz sadece eğlenip şakalaşıyorduk.' De ki: Allah ile O'nun ayetleri ile ve Rasûlü ile mi alay ediyorsunuz? Özür dilemeyin. Siz iman ettikten sonra gerçekten kâfir oldunuz...**" (9/Tevbe, 65, 66)*

İmam Taberî'nin naklettiğine göre bu ayetin nüzul sebebi şu olaydır: Tebük gazvesinde bir adam:

—Bizim şu Kur'an okuyanlarımız kadar midelerine düşkün, dilleri yalancı ve düşmanla karşılaşma esnasında korkak kimseleri görmedim, dedi.

O mecliste bulunan bir adam da:

—Yalan söylüyorsun; sen bir münafıksın! Seni Rasûlullâh'a haber vereceğim, dedi.

Bu haber Rasûlullâh *sallallâhu aleyhi ve sellem*'e ulaştı ve bunun üzerine bu âyetler indi."[4]

Bu rivayete göre bu sözleri sarf eden kimseler, sahabenin âlimleriyle —ki âlimler bu dinin önemli makamlarından birisini temsil etmektedirler— alay ettikleri için imanlarından sonra kâfir olmuşlardır.

İşte bunun gibi bir insan, bu dinin mukaddes kabul ettiği, önemli saydığı veya değer atfettiği herhangi bir şeyi alay konusu edinirse kesinlikle dinden çıkar ve bu konuda niyetine itibar edilmez; zira bu dinde alay konusu edilecek hiçbir şey yoktur.

Bu gün bazı insanlar şaka ve mizahlarında dinin önem atfettiği şeyleri konu ediniyor ve bu sayede —Allah muhafaza— imanlarını kaybetme tehlikesiyle karşı karşıya kalıyorlar. Adam başlıyor konuşmasına *'Bahçeye bir inek, bir de hoca girmiş...'* diye ve bu söz ile İslam âlimlerinin kadru kıymetini ayaklar altına almasının yanı sıra, onları —hâşâ— ineklerden daha fazla yiyen, boğaz düşkünü insanlar olarak lanse ediyor.

Ve yine adam başlıyor sözlerine *'Şu bizim çarşaflılar var ya...'* diye, nihayetinde sözlerini *'kara Fatmalar'*, *'öcüler'* veya *'böcüler'*'le bitiriyor.

---

[4] "Tefsiru't-Taberi", 6/172 vd.

'Şu bizim sakallılar var ya...' diye açıyor ağzını, *'keçi sakallılar'*la noktalıyor sözünü.

Tüm bunlar çok tehlikeli şeylerdir ve her an insanın ayağını kaydırır. Bir müslüman gafleten böyle bir şaka yapacak olsa hemen ikaz edilir/tevbeye çağrılır, eğer buna rağmen tekrar bu laflara dönerse küfrüne hükmedilir.

İş, işte bu kadar tehlikelidir!

O nedenle şaka ve mizahlarımızda asla mukaddesâtla alay veya dalga geçme olmamalıdır.

2- Yaptığımız şaka ve espriler asla bir günahı içermemelidir. İçerisinde bir günah barındıran her türlü şakalar İslam'da haramdır ve asla caiz değildir. Ebu Hureyre *radıyallahu anh*'ın hayreti üzerine Rasûlullah'ın *sallallahu aleyhi ve sellem*'in verdiği cevap bunun bir delilidir:

"Ben, haktan başka bir şey söylemem!"

Müslümanlar da tıpkı önderleri olan Peygamber *sallallahu aleyhi ve sellem* gibi şakalaşmalarında haktan başka bir şey söylememeli, yalan türü insanların güvenini zedeleyecek yollara asla tevessül etmemelidirler. Rasûlullah *sallallahu aleyhi ve sellem* şöyle buyurur:

"Veyl olsun insanları güldürmek için konuşup yalan söyleyene! Veyl olsun ona, veyl olsun ona!"[5]

Mizahlarında yalanı terk edip, şaka yere bile olsa bir günah ile latife yapmayanlara, cennetin ortasında bir köşk verileceği vaat edilmiştir. Ve bu vaade Peygamber Efendimiz kefil olmuştur.

"Ben, haklı bile olsa çekişip didişmeyen kimseye cennetin kenarında bir köşk verileceğine kefilim. Şakadan

---

[5] Ebu Dâvud, Ahmed, Beyhakî.

bile olsa yalan söylemeyen kimseye cennetin ortasında bir köşk verileceğine kefilim. İyi huylu kimseye de cennetin en yüksek yerinde bir köşk verileceğine kefilim."[6]

3- Yaptığımız şakalar asla ahlâkı, mürüvveti ve mümin kişiliğimizi zedeleyen türden şakalar olmamalıdır. Ahlâka halel getiren, mürüvveti zedeleyen ve insanın ağzını bozan şakalar şaka değil, şaklabanlıktır. Bazı kardeşlerimiz şaka yapayım derken ağza alınmayacak sözler sarf ediyor, küfürler ediyor veya belden aşağı fıkralar anlatarak karşı tarafı güldürmeye çalışıyorlar.

Bu nasıl bir ahlâk, nasıl bir mizah anlayışıdır! Hiç, bir müslümana yakışır mı?

İnsanlara hoş vakit geçirtelim diye kişiliğimizden taviz verebilir miyiz? Bir Müslüman asla böylesi şaklabanlıklara, soytarılıklara kalkışmamalı, edep ve ahlâkını korumalıdır.

4- Yaptığımız şakalar kesinlikle bir mümini korkutma formatında olmamalıdır. Bir mümini korkutan her türlü şaka bizzat Rasûlullah'ın dili ile haram kılınmıştır. Rasûlullah *sallallahu aleyhi ve sellem* şöyle buyurur:

"Bir Müslümanın, bir Müslümanı korkutması helal değildir."[7]

"Sizden biriniz silâhını (çıkarıp) din kardeşine işaret etmesin. Çünkü o bilmez, belki şeytan silâhı elinden çeker de, bu yüzden cehennemin bir çukuruna yuvarlanıverir."[8]

---

[6] Ebu Dâvud, Tirmizî.
[7] Ebu Dâvud, Tirmizî.
[8] Buhârî, Müslim.

"Bir kimse kardeşine –velev bu kardeşi ana baba bir öz kardeşi bile olsa– bir demirle işaret ederse, elinden onu bırakıncaya kadar melekler ona lânet eder."[9]

Bu gün bazı Müslümanlar, samimi oldukları arkadaşlarının parasını, kimliğini, cüzdanını, telefonunu ve benzeri eşyalarını saklıyor, bir metasını kaybederek onun endişeye kapılmasına neden oluyorlar. Veya arabayı üzerine sürüyor, polis numarası yapıyor, yüksekten düşürecekmiş gibi iteliyor, ansızın ışıkları söndürüyor ve buna benzer bir takım şakalarla kardeşlerini korkutuyorlar...

Bunlar asla İslam'ın öngördüğü mizah anlayışıyla bağdaşmaz. Bir Müslümanın –nefsine hoş gelse bile– bu tarz şakalar yaparak kardeşlerini korku ve endişeye sevk etmesi helal değildir. Edep sahibi Müslümanların bu tarz şakalaşmalardan uzak durmaları gerekmektedir.

5- Yaptığımız şaka ve espriler asla bir hakkın ihlaline neden olmamalı, haram olan bir şey şaka nedeniyle helale dönüştürülmemelidir. Bu gün buna *'kesik atma'* denilmektedir. Kesik atmak, bir müminin malını şer'î bir hak olmaksızın zimmete geçirmek demektir ki, karşı tarafın rızası söz konusu değilse kesinlikle haramdır. İslam'da kat'î surette yasaklanmış bir adettir. Bazı Müslümanlar, kardeşlerinde gördükleri saat, kalem, yüzük, tesbih ve benzeri güzel şeyleri önce istemekte, ardından da *'Kesik attım!'* diyerek o eşyalara el koymaktadırlar. Bu, biraz öncede dediğimiz gibi asla caiz değildir.

Bazı kardeşlerimiz, maalesef ki bu kötü âdete müptela olmuş durumdadırlar. Özellikle erkeklerde bu adet çok yaygın vaziyettedir. Bayanlar arasında da nispeten mev-

---

[9] Müslim.

cuttur. Bir müslümanın ne yapıp edip alışkanlık haline getirdiği bu şeni hastalığı terk etmesi gerekmektedir. Rasûlullah *sallallahu aleyhi ve sellem* bu konuda şöyle buyurur:

"Sizden biriniz kardeşinin âsasını, ister oynama amaçlı, ister ciddiyetle asla almasın/zimmetine geçirmesin! Kardeşinin âsasını alan, derhal asasını geri ona versin."[10]

6- Yaptığımız şaka ve espriler uygun vakitlerde yapılmalıdır. Unutmamak gerekir ki, her vakit espri için elverişli ve uygun bir vakit değildir. Kimi insanlar vardır ki, bir sıkıntısı sebebiyle morali bozuktur. Bazılarının derdi, kederi vardır. Bazıları önemli bir yakınını kaybetmiştir. Bazıları da belki eşleri ile tartışmıştır, sıkıntıdadır. Eğer sürekli espri derdinde olur, insanların ruh hallerini anlamaz ve sanki ortalık güllük gülistanlıkmış gibi davranırsak her an kendimizin moralinin bozulması gibi bir durumla karşı karşıya kalabiliriz. Böylesi durumda da kendimizden başkasını kınamamalıyız.

7- Yaptığımız şaka ve espriler uygun mekânlarda yapılmalıdır. Bilinmelidir ki her mekân, şaka şamata mekânı değildir. Bazı meclisler ciddiyet ister. Oralarda ağır başlı ve vakûr bir şekilde durmayı bilmelidir Müslüman. Eğer bu meclislerde de cıvık davranmayı sürdürürse, insanların gözünden düşer, değerini kaybeder, ağırlığını yitirir. Cenaze evleri, hasta yakınlarının yanları, mescidler ve ilim meclisleri gibi yerler, hep ciddiyetin öne çıktığı yerlerdir. Müslüman, özellikle bu tür yerlerde çok daha hassas olmalıdır. Her şeyi yerli yerinde yaparak insanların hâlet-i

---

[10] Tirmizî.

ruhiyelerine göre hareket etmelidir. Böyle yaparsa Sünnete isabet ederek hareket etmiş olur.

8- Yaptığımız şaka ve espriler uygun insanlara yapılmalıdır. Şakalarımızda zaman ve mekân faktörü ne kadar önemli ise, insan faktörü de o kadar önemlidir. Her insan şakayı kaldırmayabilir. Kimi insanlar, yapıları gereği şakadan hoşlanmaz, esprileri kaldırmazlar. Kendilerine şaka yapanlara karşı anında farklı tepkiler verirler. Kimi zaman da tepkileri normalin çok üzerinde olur. Karşı tarafa beklenmedik bir şok yaşatabilirler. Böylesi vasıflarıyla öne çıkmış birileri varsa onlara şaka yapma noktasında çok hassas olunmalıdır. Yine âlimler, yaşlılar, kadr-u kıymeti büyük insanlar ve ciddiyetiyle tanınan insanlar da şakalaşmalarda çok dikkatli davranılması gereken insanlardır. Müslüman, her insana yapısına göre davranmayı becerebilen bir kişi olmalıdır. Bu da sünnettendir.

***

Buraya kadar zikrettiğimiz şakalaşma ilkeleri, her Müslümanın mizah ortamlarında titizlikle riayet etmesi gereken kurallardandır. Bir Müslüman her insana şaka yapabilir. Büyük âlimlere bile şaka yapmakta bir beis yoktur; ama bu, kıvamında, tadında ve dozunda olmalıdır. Her şey tadında ve dozunda güzeldir. İnsana lezzet veren şeker bile fazla kullanıldığında çayı içilmez hâle getirir.

Bu bağlamda Ömer b. Abdülaziz *rahimehullah*'ın söylediği şu söz ne de güzeldir:

"Allah'tan korkun ve (aşırı) mizah yapmaktan kaçının; çünkü mizah, kin gütmeye ve kötülüğe sürükler. Kur'ân ile konuşun ve Kur'ân'ın gölgesinde oturun. Eğer Kur'ân size ağır ge-

lirse, o zaman erkeklerin konuşmasından güzel bir konuşma yapın."[11]

Bazı hikmet ehli insanların da şöyle dediği nakledilmiştir:

"(Aşırı) mizah, ateşin odunu yiyip bitirdiği gibi heybeti/saygınlığı yer bitirir."

Yine bir sözde de şöyle denilmiştir:

"Çok şaka yapanın saygınlığı azalır; tartışması çok olanın da gıybeti (nefse) tatlı gelir."[12]

İslam'da şakalaşma âdabının nasıl olması gerektiğine dair küçük bir risale kaleme alan Ebu'l-Berekât el-Ğazzî *rahimehullah*, mizahın kıvamında güzel olduğunu ve aşırısının kınanmayı gerekli kıldığını şu sözleriyle ifade eder:

"Mizah, ahlâk sınırlarını aşacak kadar ileri götürüldüğünde rezillik ve alçaklık olur."[13]

Çok şaka yapan, matrak olan ve bu vasıfla öne çıkan biri olmak yerine; sükûnet, vakar ve edeple anılmamız bizler için daha hayırlıdır. Bu nedenle şakalaşmalarımızdaki orantıyı çok iyi ayarlamalı ve esprilerimizi miktarınca yapmalıyız.

---

[11] İhyâu Ulûmi'd-Dîn, 3/128.
[12] el-Mirâh fi'l-Mizâh, sf. 3.
[13] A.g.e. sf. 21.

ALLAH RASÛLÜNÜN ŞAKALARINDAN BİR KAÇ ENSTANTANE

Rasûlullah *sallallahu aleyhi ve sellem*, ara sıra hoşa giden, tatlı, nükteli ve latifeli sözler söyler, bazen güzel esprilerle etrafındakilere neşe ve mutluluk saçardı. Şu rivayetler O'nun bu yönünü ortaya koymaktadır:

1- Bir gün hizmetinde bulunan Enes b. Mâlik *radıyallahu anh*'ı yanına çağırdı ve ona: *'Yâ ze'l-Üzüneyn/Ey iki kulaklı!'* diyerek latife yaptı.[14]

2- Enes b. Mâlik *radıyallahu anh*'ın küçük bir kardeşi vardı. Adı *'Ebu Umeyr'* idi. Bu çocuk çok küçük yaştaydı. *'Nuğayr'* adında küçük bir kuş besliyordu. Bir gün bu kuş öldü. Ebu Umeyr buna çok üzülmüştü. Rasûlullah *sallallahu aleyhi ve sellem* onun üzgün olduğunu görünce *"Ebu Umeyr! Ne yaptı Nuğayr?"* diyerek ona latife yaptı, gönlünü almak istedi.[15]

3- Rasûlullah *sallallahu aleyhi ve sellem*'e bir adam geldi ve:

—Ey Allah'ın Rasûlü! Beni bir deveye bindirsenize, dedi.

Rasûlullah *sallallahu aleyhi ve sellem*:

---

[14] Tirmizî Şemâil. Buradaki incelik şuydu: Enes radıyallahu anh son derece yumuşak başlı ve itaatkâr bir yapıya sahipti. Efendimizin sözlerini çok iyi dinler, buyruklarına kulak verir ve O'na pür dikkat kesilirdi. Bu nedenle Rasulullah sallallahu aleyhi ve sellem, ona iyi dinleyen anlamında 'iki kulaklı' tabiriyle latife yaptı.
[15] Buhari, Müslim.

—Ben seni dişi devenin yavrusuna bindireceğim, buyurdu.

Adam:

—Ben devenin yavrusunu ne yapayım, deyince, Rasûlullah *sallallahu aleyhi ve sellem*:

—Develeri, dişi develerden başkası mı doğurur, diyerek latifesini ortaya koydu.[16]

4- Yaşlı bir kadın, bir gün Rasûlullah'ın *sallallahu aleyhi ve sellem* huzuruna gelerek:

—Ey Allah Rasûlü! Benim için dua et de cennete gireyim, dedi.

Rasûlullah *sallallahu aleyhi ve sellem*:

—*İyi de, cennete yaşlı kadınlar girmeyecek ki,* buyurdu.

Yaşlı kadın neye uğradığına şaşırarak, büyük bir üzüntü içerisinde ve ağlayarak geri döndü. Rasûlullah *sallallahu aleyhi ve sellem* ashabına:

—*Ona söyleyin, yaşlı kadınlar cennete yaşlı olarak değil, genç olarak girecekler,* buyurdu. Sonra da şu ayeti okudu:

"Biz o kadınları yeni bir yaratılışla tekrar inşâ ettik/yarattık. Onları bâkireler, eşlerine sevgiyle tutkun kimseler ve yaşları eşit kadınlar yaptık." (56/Vâkıa, 35-37)[17]

5- Rasûlullah*sallallahu aleyhi ve sellem*'in ashabından bir bedevi vardı. Adı "Zâhir" idi. Bu zat, ara sıra Rasûlullah'a

---

[16] Ebu Davut, Tirmizî.
[17] Tirmizî Şemâil.

köy azığı gönderirdi. Bir gün şehre geldi. Köyden getirdiği şeyleri pazarda satıp bitirmişti. Rasûlullah *sallallahu aleyhi ve sellem* tesadüfen oraya uğradı. Zâhir'in arkasından giderek geriye dönemeyecek şekilde onu yakaladı. Zâhir *radıyallahu anh*:

—Kimdir o? Bıraksana, dedi.

Allah'ın Rasûlü onu bırakıp da Zâhir geriye dönünce, kendisini tutanın Rasûlullah *sallallahu aleyhi ve sellem* olduğunu gördü. Bunun üzerine sırtını Efendimize tekrar yasladı. Efendimizin yaptığı bu şakayı ne kadar sevdiğini, kendisine bu kadar samimi davranmasından ne kadar hoşlandığını göstermek istedi. Sonra Rasûlullah *sallallahu aleyhi ve sellem* bir latife daha yapmayı murad etti ve:

—*İçinizde bu köleyi satın alacak var mı*, diye etrafa seslendi.

Bunu duyunca Zahir *radıyallahu anh*, köle oluşundan hareketle değersizliğini ifade etmek için:

—Ey Allah Rasûlü! Benim gibi bir köleyi satın alan kimse muhakkak zarar eder, dedi.

Bunun üzerine Rasûlullah *sallallahu aleyhi ve sellem* onun bu sözüne karşılık:

—*Ama Allah katında senin değerin yüksektir*, buyurdu.[18]

6- Muhammed b. Rebi *radıyallahu anh* anlatır: Ben beş yaşındayken Rasûlullah *sallallahu aleyhi ve sellem* bir kovadan ağzına su aldı ve o suyun bir kısmını bana püskürttü.[19]

---

[18] Tirmizî Şemâil, Ahmed b. Hanbel.
[19] Buharî.

7- Suheyb er-Rûmî *radıyallahu anh* anlatır: Rasûlullah *sallallahu aleyhi ve sellem*'in yanına gitmiştim. Önünde bir ekmek ve hurma vardı. Bana:

— *Yaklaş ve ye,* buyurdu.

Ben de hurma yemeye başladım. O ara Rasûlullah *sallallahu aleyhi ve sellem* bana:

— *Gözün ağrıdığı halde hurma mı yiyorsun,* dedi. Ben de:

—Ey Allah'ın Rasûlü, ben ağrımayan tarafla yiyorum, dedim.

Bu söz üzerine Rasûlullah *sallallahu aleyhi ve sellem* tebessüm ederek güldü.[20]

Aktardığımız tüm bu nakiller, O'nun latife ve şaka yönünü ortaya koymaktadır. Bu nakilleri incelediğimizde O'nun genellikle şu sebeplerden ötürü şaka yaptığını görürüz:

1- Karşı tarafa sevgisini göstermek için.

2- Sıkıntıları hafifletmek, acıları dindirmek için.

3- Ortamı yumuşatmak için.

4- Terbiye ve eğitim amaçlı.

Bu saydığımız maddelerden hangisiyle olursa olsun, bir Müslümanın latife yapmasında herhangi bir sakınca yoktur.

Bununla birlikte kaynaklarımızda O'nun, mizahı ve şakalaşmayı yasaklayan sözleri de mevcuttur. Bu sözlerinden birisinde şöyle buyurur:

---

[20] İbn Mâce.

*"Kardeşinle tartışma! Onunla şakalaşma ve ona söz verip sakın cayma!"*²¹

Bu söz, zâhiri itibariyle Müslümanlara şaka yapmayı yasaklamaktadır. Laf buraya geldiğinde şu soruyu sormadan geçmek mümkün değildir: Rasûlullah'ın hayatına baktığımızda O'nun, arkadaşlarına ve etrafındakilere şaka yaptığını görüyoruz ama bu sözünde arkadaşlarımızla şakalaşmamızı bizlere yasaklıyor. Bu durumda bu iki zıt bilginin arasını nasıl bulacak ve hangi şeyle amel edeceğiz?

CEVAP: Bu soruyu İmam Ğazalî merhum da sormuş ve şu şekilde cevap vererek delillerin arasını bulmaya çalışmıştır:

*"Eğer sen, Rasûlullah sallallahu aleyhi ve sellem'in ve ashâbının yaptığına güç yetirebiliyorsan, yani mizah yaparken sadece doğruyu söylüyor, hiçbir kalbi kırmıyor, mizahta aşırıya kaçmıyor ve bunu ara sıra yapıyorsan, o zaman senin de mizah yapmanda hiçbir sakınca yoktur. Lakin kişinin, mizahı sürekli kendisiyle meşgul olduğu ve hakkında aşırıya gittiği bir 'uğraşı' haline getirmesi, sonra da Rasûlullah'ın yaptığı şeyleri kendisine delil tutmaya çalışması büyük bir hatadır."*²²

Bu soruya şöyle de cevap vermemiz mümkündür:

1- Şakalaşmayı yasaklayan İmam Tirmizî'nin naklettiği rivayet, senedinde yer alan Leys b. Ebî Süleym adlı kişiden dolayı zayıftır. Efendimizin şakalaştığını ifade eden hadisler ise başta Buharî gibi büyük imamlar tarafından nakledilmiş sahih ve güvenilir rivayetlerdir. Dolayısıyla bu rivayetler karşısında senedinde zayıflık bulunan bir nakli geti-

---

²¹ Tirmizî, Beyhakî. Bu rivayet sened itibariyle 'zayıf'tır.
²² İhyâu Ulûmi'd-Dîn, 3/128, 129.

rip bunun üzerinden hüküm çıkarmaya kalkışmak doğru bir yaklaşım değildir.

2- Hadisin senedini sahih kabul etsek bile, bu yasaklama aşırılığa ve olması gereken seviyenin üstüne hamledilir. Buna göre mana *'Kardeşinle aşırı bir şekilde şakalaşma!'* anlamındadır. Bu izah, Rasûlullah'ın uygulamalarının delalet ettiği bir husus olmasının yanı sıra, delilleri cem etmesi bakımından da tercihe şayandır. Yine de Allah en iyisini bilir.

***

Buraya kadar aktardığımız rivayetler, Rasûlullah *sallallahu aleyhi ve sellem*'in yaptığı mizahların niteliğini ortaya koymaktadır. Tüm bu mizahların ortak özelliği; nitelikli ve anlamlı olmasıdır. Efendimiz *sallallahu aleyhi ve sellem* hiçbir zaman yalanı, cıvıklığı, hak ihlalini, korkutmayı ve içeriğinde mürüvveti zedelemeyi barındıran şakalaşmaları yapmamıştır. O'nun kutlu yolunun yolcuları olan biz Müslümanların da şakalaşmalarımızda O'nun ahlâkını takip etmesi ve nitelikli şakalar yaparak sünnetine ittiba etmesi gerekmektedir.

SAHABENİN ŞAKALARINDAN BAZI ÖRNEKLER

O'nun kutlu yolunun ilk yolcuları olan Ashab-ı Kiram da bu minvalde hareket etmiş ve nitelikli latifelerle birbirlerini neşelendirmişlerdir. İşte şimdi onların şakalarından bazı tablolar sunmaya çalışalım:

1- Rasûlullah *sallallahu aleyhi ve sellem*'i çok seven Nuayman *radıyallahu anh*, Medine'ye iyi bir şey getirildiğinde hemen alır ve O'na hediye ederdi. Yine bir defasında Nuayman, satıcıda gördüğü enfes bir balı alıp Rasûlullah'a getirdi ve hediye etti. Daha sonra satıcı parayı isteyince, adamı tutup Rasûlullah'a getirdi ve parayı O'ndan almasını söyledi. Rasûlullah *sallallahu aleyhi ve sellem*:

—*Ey Nuayman! Sen bunu hani hediye etmiştin*, deyince,

—Ya Rasûlallah! Bu güzel balı senin yemeni çok istedim, param olmadığı için de böyle yaptım, dedi.

Bunun üzerine Rasûlullah *sallallahu aleyhi ve sellem* gülerek adamın parasını ödedi.[23]

2- Bâdiyeden bir Arabî, Medine'ye gelmiş ve devesini avluya bağlayarak Rasûlullah *sallallahu aleyhi ve sellem*'in yanına girmişti. Şakacılığıyla meşhur olan sahabî Nuayman *radıyallahu anh*, bu defa da bir muziplik yapmış ve arkadaşlarının tahrikleriyle adamın devesine göz koymuştu. Arkadaşları ona:

---

[23] İbn Hacer, "el-İsâbe", 6/464.

—Canımız çekti; haydi şu deveyi kes de yiyelim. Nasıl olsa Rasûlullah bedelini öder, dediler ve onu adeta bu işe zorladılar.

Önce bu teklifi kabul etmeyen Nuayman *radıyallahu anh*, arkadaşlarının ısrarı karşısında dayanamadı ve deveyi kesti.

A'rabî, dışarı çıkıp da manzarayı görünce bağırmaya başladı. Bu çığlıklar üzerine dışarı çıkan Rasûlullah *sallallahu aleyhi ve sellem* bu işi kimin yaptığını sordu.. Oradakiler "Nuayman" dediler. Bunun üzerine Rasûlullah *sallallahu aleyhi ve sellem* onu aramaya çıktı ve saklandığı yerde onu buldu. Bir çukura saklanmış ve üstünü hurma yaprakları ile örtmüştü. Onu gören bir sahabî, bir taraftan eliyle saklandığı yeri Rasûlullah'a işaret etti, diğer taraftan da "Onu görmedim ya Rasûlallah!" dedi. Neticede Rasûlullah *sallallahu aleyhi ve sellem* Nuayman'ı çukurdan çıkardı ve:

—Sana bunu kim yaptırdı, diye sordu.

Nuayman *radıyallahu anh*:

—Burayı Sana işaret edenler yok mu, işte beni onlar bu işe teşvik etti, cevabını verdi.

Durumu anlayan Rasûlullah *sallallahu aleyhi ve sellem*, bir taraftan yüzündeki çöpleri sildi, diğer yandan da gülerek devenin parasını Arabî'ye ödedi.[24]

3- Bir yolculuk esnasında Abdullah b. Huzafe *radıyallahu anh* sessizce Rasûlullah *sallallahu aleyhi ve sellem*'in

---

[24] A.g.e. 6/465. Kaynaklarımızda Nuayman radıyallahu anh ile alakalı oldukça çok şaka örnekleri bulmak mümkündür. Biz sadece iki tanesini zikretmekle yetindik.

bineğinin yularını gevşetmiştir. Bu nedenle Rasûlullah *sallallahu aleyhi ve sellem* neredeyse bineğinden düşecek gibi olur. Hadisin ravilerinden olan İbn Vehb: "Abdullah b. Huzafe, Rasûlullah'ı güldürmek için mi böyle yapmıştı" diye Leys'e sorduğunda, "evet" cevabını almıştır.[25]

4- Heybeti, ciddiyeti ve ağır başlılığıyla bilinen Ömer *radıyallahu anh*, Efendimizin torunları Hasan ve Hüseyin'i Rasûlullah'ın omuzlarına oturmuş halde görünce:

—*Altınızdaki at ne kadar kıymetlidir,* diye onlara latife yapmıştır.[26]

5- Yine Ömer *radıyallahu anh*, çok hızlı ve kısa namaz kılan bir Arabî'nin namazdan sonra yaptığı duasında *"Ya Rabbi! Beni cennette hurilerle evlendir"* dediğini duyunca:

"Ey adam! Parayı az ödedin, karşılığını ise çok istiyorsun" diye onunla şakalaşmıştır.[27]

---

[25] İbn Abdilberr, "el-İstîâb", 3/890.
[26] Mecmau'z-Zevâid, 9/181.
[27] Nihâyetü'l-Ereb, 4/3.

SELEF'İN ŞAKALARINDAN BİR DEMET

Sahabeden sonra gelen ve yolumuzun kandilleri olan Selef imamlarının biyografilerini incelediğimizde onların da Rasûlullah'ın ve ashabının yolunu takip ettiklerini, yeri geldiğinde insanlarla şakalaştıklarını ve uygun ortamlar bulduklarında onların gönüllerini almak, kalplerine neşe sokmak için latifeler yaptıklarını görürüz. İşte şimdi onların latifelerinden birkaç örnek verelim:

1- Adamın birisi Ebu Hanife *rahimehullah*'ın yanına geldi ve ona:

—Ey imam! Elbiselerimi çıkarıp nehre gusül abdesti almaya girdiğimde kıbleye mi, yoksa başka bir yöne mi döneceğim, diye sordu.

Bu soru üzerine Ebu Hanife *rahimehullah* adama şöyle karşılık verdi:

—Bence en uygun olanı, elbiselerinin olduğu yöne dönmendir; ta ki bu sayede elbiselerin çalınmasın!

Ebu Hanife *rahimehullah* bununla adama latife yapmak istemiştir.[28]

2- Rebi' anlatır: Hasta olduğu bir sıra İmam Şafiî'nin yanına gittim ve ona:

—Allah zayıflığınızı kuvvetlendirsin, dedim.

Bunun üzerine Şafiî *rahimehullah*:

---

[28] el-Mirâh fi'l-Mizâh, sf. 11.

—*Eğer zayıflığımı kuvvetlendirirse, o zaman beni öldürür,* diye karşılık verdi.

Bunun üzerine ben:

—Yemin olsun ki sadece iyilik murad ederek böyle söyledim, dedim.

İmam Şafiî *rahimehullah*:

— Biliyorum, sen bana sövsen bile hayrımı murad edersin ey Rebi', dedi ve bu şekilde ona latife yaptığını belirtti.[29]

3- İmam Şa'bî *rahimehullah*'a:

—Şeytanın karısının adı nedir, diye soruldu. Bunun üzerine o:

—*Onun evliliğine şahit olmadık ki,* diye latife yaparak cevap verdi.[30]

4- Bir adam yine İmam Şa'bî'ye:

—İhrama girmiş bir kimse bedenini ovalayabilir mi, diye soru sordu. O:

— Evet, diye karşılık verdi. Bunun üzerine adam:

— Peki, ne kadar miktarda ovalamalı diye tekrar sordu. Bu soru üzerine İmam:

—Kemik görünene kadar, diyerek latifeli bir cevap verdi.[31]

5- İbn Ayyâş anlatır: A'meş *rahimehullah*'ın üzerinde ters yüz edilmiş, yünü dışarıda olan bir kürk gördüm. Ha-

---

[29] Aynı yer.
[30] Edebu'd-Dünya ve'd-Dîn, sf. 393.
[31] Silsiletu'l-Âdâbi'l-İslãmiyye, Selef'in şakaları bölümü.

va yağmurluydu. O ara önümüze doğru bir köpek geldi. A'meş *rahimehullah* köpeği görünce hemen ondan uzaklaştı ve *"Sakın ha beni koyun zannetmesin"* diyerek latife yaptı.³²

***

Değerli kardeşim, buraya kadar yaptığımız nakilleri dikkatlice incelediğinde göreceksin ki bu din her şeyde vasat olmayı, dengeyi muhafaza etmeyi ve tüm söz ve davranışlarımızda aşırıya kaçmamayı bizlere öğütlemektedir. İslam asla şakalaşmayı yasaklamaz; lakin şakalaşmaya bir sınır getirir. Biz de bu kitapçığımızda bu sınırlara riayet etmeni senden istedik. Unutma ki sen –farkında ol veya olma– inancın, sözlerin, kıyafetin ve duruşunla bir akideyi temsil etmektesin. Seni gören ve dinleyen insanlar senin yaptıklarınla hem şahsiyetini hem de akideni tartmaktadırlar. Bu nedenle özellikle insanların arasına çıktığında daha ağırbaşlı, daha vakûr ve daha sakin olmaya çalış. Cıvık, matrak, komik ve şaklaban olma! Eğer böylesi huyların varsa bunları terbiye etmek için bir cehdin, bir çabanın içine gir. Bil ki sen çabaladıkça Allah sana yardım edecek, gayret ettikçe ahlâkını düzelecektir. Efendimiz *sallallahu aleyhi ve sellem*'in buyurduğu gibi:

*"Kim müstağni davranırsa Allah onu müstağni kılar. Kim iffetli olmaya çabalarsa, Allah onun iffetli yapar. Kim de sabretmeye gayret ederse, Allah onu sabırlı eyler."*³³

Bu hadise göre bir insan bir şey hususunda çabalarsa, Allah onu çabaladığı o şeyde başarıya ulaştırır. Eğer sen de matrak olma yerine vakarı, cıvıklık yerine edebi, aşırı gül-

---
³² Aynı yer.
³³ Buharî, Müslim.

me yerine tebessümü kendine şiar edinir ve bu noktada bir gayretin içine girersen, Allah'ın sana yardım edeceğini ve seni umduğuna kavuşturacağını ben sana garanti ederim. Çünkü Rasûlullah *sallallahu aleyhi ve sellem* gayret edenlerin muhakkak muvaffak olacağını müjdelemiştir. Onun müjdesiyle insanları müjdelemek ise bizlerin en öncelikli görevlerindendir.

Ne mutlu kötü huylarını değiştirmek için çabalayanlara!

Ne mutlu İslam ahlâkıyla bezenme çabasında olanlara!

Allah'ım! Sen güzel ahlâklı olmak için çabalayan müminleri muvaffak eyle! (Allahumme âmin)

***

Değerli kardeşim, burada son bir meseleye daha temas ederek kitapçığımızı noktalandırmak istiyoruz: Bilindiği üzere mizah ve şakalaşmak, neticesinde gülmeyi ve tebessümü doğurur. Her konuda hükümler koyan dinimiz, bu konuda da bir ölçü koymuş ve insanların tebessüm etmesinin, onlar için kahkahalara boğulmalarından daha hayırlı olduğunu belirtmiştir. Evet, İslam âdabında mizah ve şakaların ardından tavsiye edilen şey kahkaha değil, tebessüm etmek ve hafifçe gülmektir. Kişiyi insanlıktan çıkaracak tarzda gülmeler bu dinde tavsiye edilmemiştir. İnsan her ne kadar bazı zamanlarda çok gülme ihtiyacı hissetse de bunu âdet haline getirmemelidir. Zira çok gülmek kalbi katılaştırır. Kalbi katılaşan insanların da ilk göreceği ceza Allah'tan uzaklaşmaktır.

Bu noktada sözü çok uzatmak istemiyoruz. Sadece Rasûlullah *sallallahu aleyhi ve sellem*'den nakledilen ve bu konuda O'nun hakkında söylenen birkaç hadisi zikrederek veciz bir nasihatte bulunmayı amaçlıyoruz. Rabbim bizleri bu nasihatlerden en iyi şekilde faydalananlardan eylesin. Rasûlullah sallallahu aleyhi ve sellem şöyle buyurur:

- *Çok gülmeyiniz; zira çok gülmek kalbi öldürür.*[34]
- *Benim bildiklerimi bir bilseniz az güler, çok ağlardınız.*[35]
- *Ey Ebu Hureyre! Takvalı davran, insanların en âbidi olasın. Kanaatkâr ol ki, insanların en çok şükredeni olasın. Nefsin için sevip arzuladığını insanlar için de iste, (iyi bir) mümin olasın. Sana komşu olana iyilikte bulun ki, (iyi bir) Müslüman olasın. Ve gülmelerini azalt; zira çok gülmek kalbi öldürür.*[36]

- Abdullah b. Hâris radıyallahu anh der ki: "Rasûlullah sallallahu aleyhi ve sellem'in gülüşü (genelde) tebessüm şeklinde idi."[37]

- Âişe radıyallahu anhâ şöyle demiştir: *Ben, Rasûlullah sallallahu aleyhi ve sellem'in küçük dili görünecek şekilde kahkahayla güldüğünü hiç görmedim. O sadece tebessüm ederdi.*"[38]

***

Günlük hayat içerisinde bu hadislerde ortaya konan hakikatlerle amel etme çabasında olmak en önemli görevlerimizdendir. Aşırı gülme yerine tebessüm etmeyi, kahkaha yerine hafifçe gülmeyi kendimize adet edinmeliyiz ki, bu sayede gülme konusunda Sünnet üzere bir yol izlemiş olalım. Özellikle misafirliğe ve davetlere gittiğimizde aşırı gülmemeye çok daha fazla dikkat etmeliyiz. Çünkü bu tu-

---

[34] İbn Mâce.
[35] Buharî ve Müslim.
[36] İbn Mâce.
[37] Tirmizî.
[38] Buharî, Müslim.

tum hem şahsımız hem de davetimiz hakkında insanların zihninde menfî bir takım düşünceleri doğuracaktır. O nedenle –hassaten– oturumlarda daha hassas davranmayı bilmeli ve kalabalıklarda daha ciddi olmayı kendimize adet edinmeliyiz.

Rabbim, hayatın her alanında olduğu gibi mizah ve gülme noktasında da bizi Sünnete uymaya muvaffak kılsın ve her konuda Rasûlullah *sallallahu aleyhi ve sellem* gibi olmayı bize kolaylaştırsın.